AF175459

Impressum
Verlag: BABADADA GmbH, Nedderfeld 112 , 22529 Hamburg
Geschäftsführer / Verlagsleitung: Harald Hof
Druck: Books on Demand GmbH, In de Tarpen 42, 22848 Norderstedt

Imprint
Publisher: BABADADA GmbH, Nedderfeld 112 , 22529 Hamburg, Germany
Managing Director / Publishing direction: Harald Hof
Print: Books on Demand GmbH, In de Tarpen 42, 22848 Norderstedt

makaranta
l'école

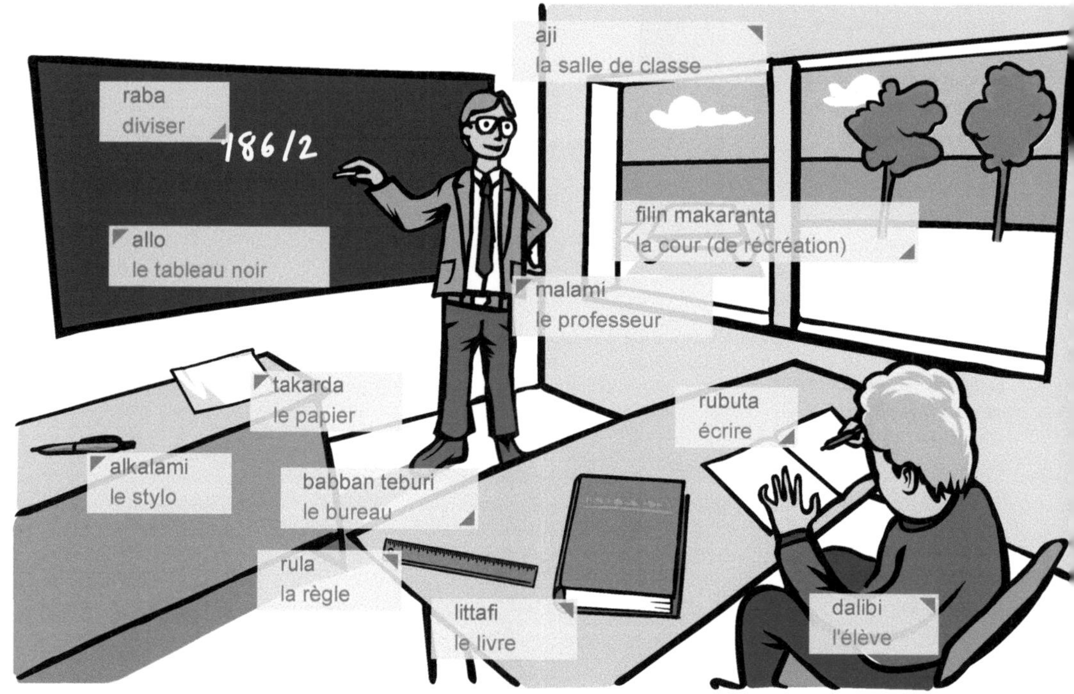
aji
la salle de classe
raba
diviser
186/2
allo
le tableau noir
filin makaranta
la cour (de récréation)
malami
le professeur
takarda
le papier
rubuta
écrire
alkalami
le stylo
babban teburi
le bureau
rula
la règle
littafi
le livre
dalibi
l'élève

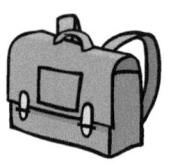

jakar makaranta

le cartable

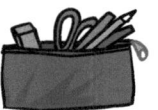

gidan fensir

la trousse

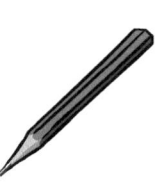

fensir

le crayon

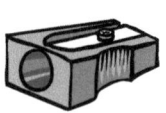

abin fike fensir

le taille-crayon

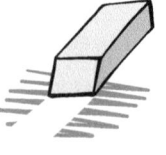

kilina

la gomme

kwalin zane

le carnet à dessin

zane

le dessin

burushin fenti

le pinceau

gwangwanin fenti

la boîte de peinture

almakashi

les ciseaux

gam

la colle

littafi aiki

le cahier d'exercices

aikin gida

les devoirs

lamba

le chiffre

2+2

kara

additionner

5-2

debe

soustraire

2×2

yi sau

multiplier

kwakuleta

calculer

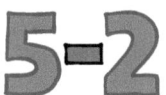

wasika

la lettre

harafi

l'alphabet

kalma

le mot

rubutu

le texte

karanta

lire

alli

la craie

darasi

la leçon

rijista

le livre de classe

jarabawa

l'examen

satifiket

le certificat

kayan makaranta

l'uniforme scolaire

ilimi

la formation

kundin ilimi

le lexique

jami'a

l'université

madubin kimiyya

le microscope

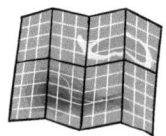

taswira

la carte

kwandon shara

la corbeille à papier

bulaguro
le voyage

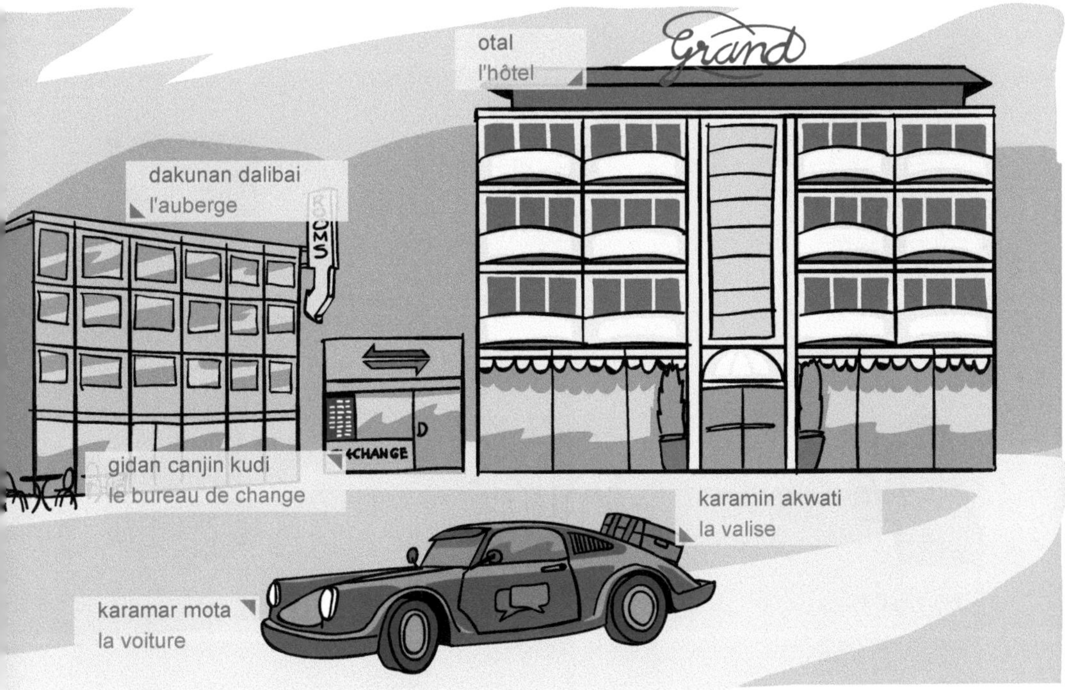
otal
l'hôtel
Grand
dakunan dalibai
l'auberge
ROOMS
CHANGE
gidan canjin kudi
le bureau de change
karamin akwati
la valise
karamar mota
la voiture

yare

la langue

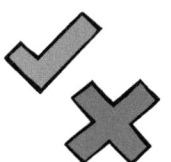

e/a'a

oui / non

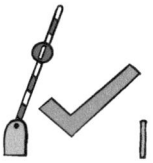

Ya yi

d'accord

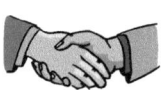

barka dai

Salut

mai fassara

l'interprète

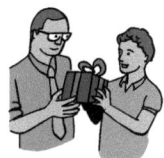

Na gode

merci

nawa ne…?

Combien coûte…?

ban gane ba

Je ne comprends pas

matsala

le problème

Barka da yamma!

Bonsoir !

Ina kwana!

Bonjour !

barka da dare!

Bonne nuit !

sai an jima

Au revoir

alkibla

la direction

kaya

les bagages

jaka

le sac

jakar goyawa

le sac-à-dos

bako

l'hôte

daki

la pièce

jakar barci

le sac de couchage

tanti

la tente

bayanin dan yawon bude-ido

l'office de tourisme

bakin ruwa

la plage

katin banki

la carte de crédit

karin kumallo

le petit-déjeuner

abincin rana

le déjeuner

abincin dare

le dîner

tikiti

le billet

daga

l'ascenseur

hatimi

le timbre

iyaka

la frontière

kudin fiton kaya

la douane

ofishin jakadanci

l'ambassade

biza

le visa

fasfo

le passeport

abin hawa

le transport

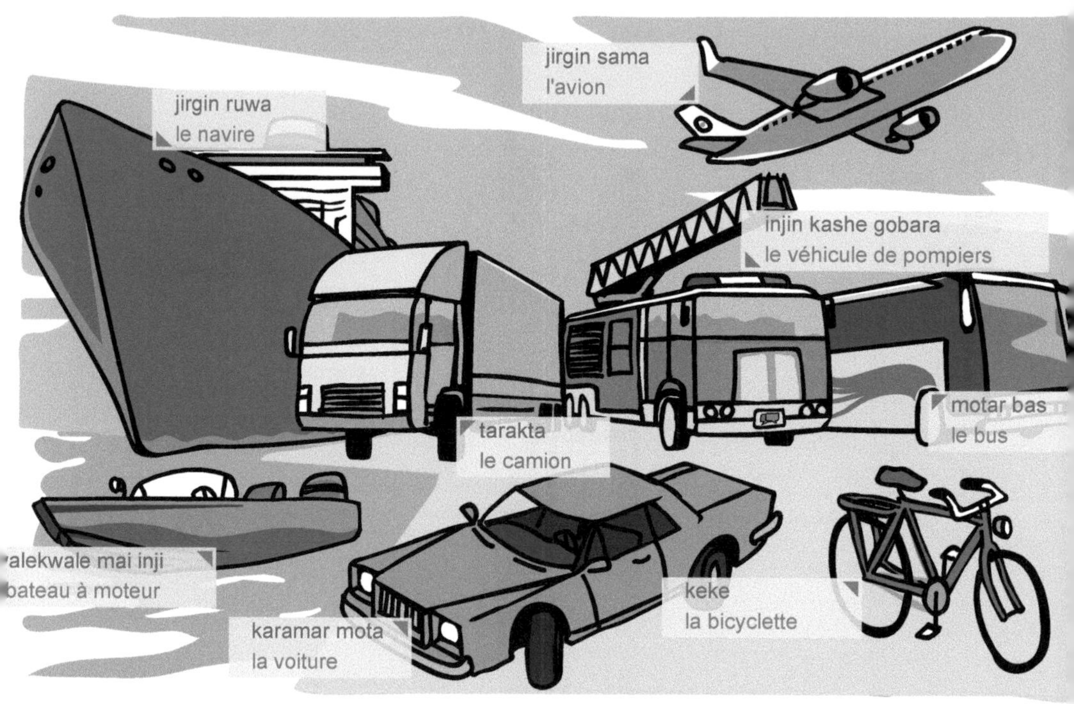
jirgin sama
l'avion
jirgin ruwa
le navire
injin kashe gobara
le véhicule de pompiers
motar bas
le bus
tarakta
le camion
'alekwale mai inji
bateau à moteur
keke
la bicyclette
karamar mota
la voiture

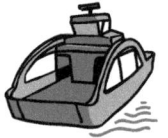

karamin jirgin ruwa

le ferry

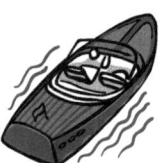

kwalekwale

la barque

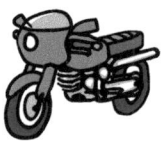

babur

la moto

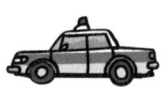

motar 'yansanda

la voiture de police

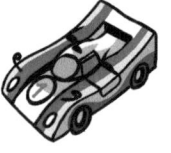

motar tsere

la voiture de course

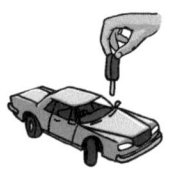

motar haya

la voiture de location

tarayyar karamar mota

l'auto-partage

babbar mota da ta lalace

la voiture de remorquage

motar shara

la benne à ordures

mota

le moteur

mai

l'essence

gidan mai

la station d'essence

alamar titi

le panneau indicateur

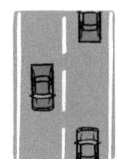

zirga-zirga

le trafic

cunkoson ababen hawa

l'embouteillage

wurin ajiye mota

le parking

tashar jirgin kasa

la gare

filin tsere

les rails

jirgin kasa

le train

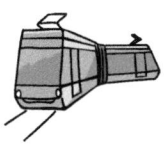

jirgin kasa mai kyabil

le tramway

keken doki

le wagon

helikwafta

l'hélicoptère

filin jirgin sama

l'aéroport

hasumiya

la tour

fasinja

le passager

mazubi

le conteneur

kwali

le carton

amalanke

le chariot

kwando

la corbeille

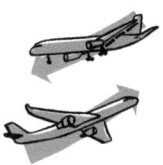

tashi / sauka

décoller / atterrir

birni

la ville

kauye

le village

tsakiyar birni

le centre-ville

gida

la maison

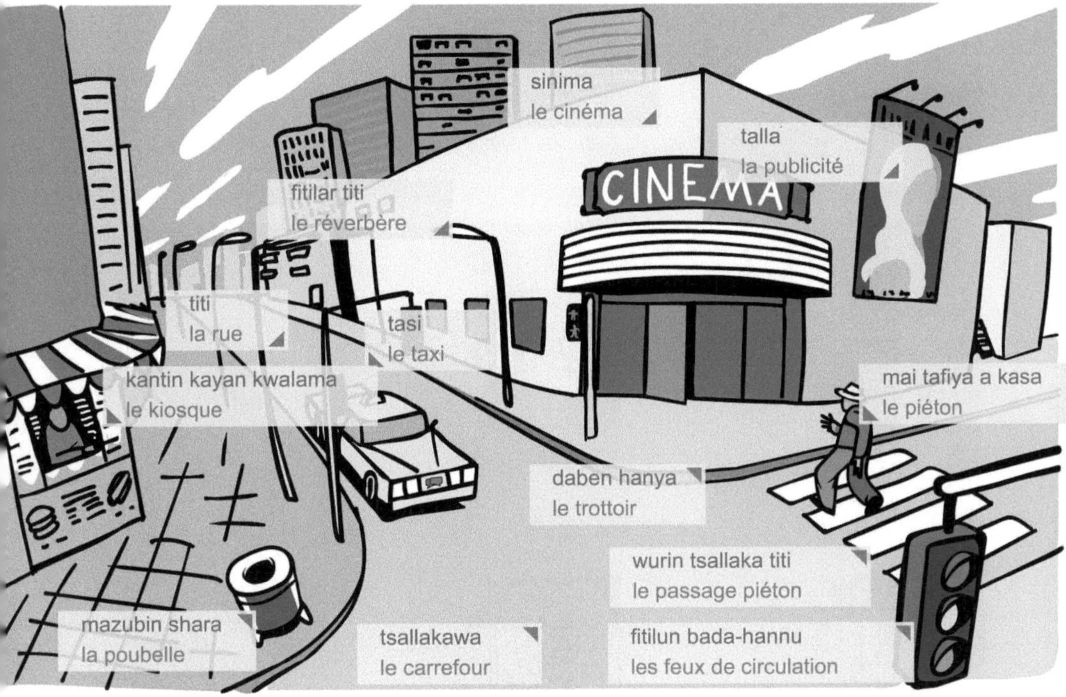
sinima
le cinéma
CINEMA
talla
la publicité
fitilar titi
le réverbère
titi
la rue
tasi
le taxi
kantin kayan kwalama
le kiosque
mai tafiya a kasa
le piéton
daben hanya
le trottoir
wurin tsallaka titi
le passage piéton
mazubin shara
la poubelle
tsallakawa
le carrefour
fitilun bada-hannu
les feux de circulation

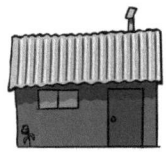

bukka

la cabane

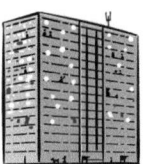

shafaffe

l'appartement

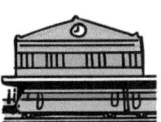

tashar jirgin kasa

la gare

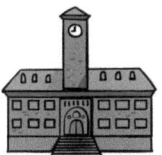

dakin taro

la mairie

MUSEUM

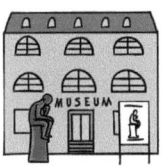

gidan kayan tarihi

le musée

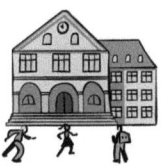

makaranta

l'école

jami'a

l'université

banki

la banque

asibiti

l'hôpital

otal

l'hôtel

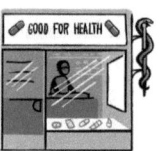

kantin magani

la pharmacie

ofis

le bureau

kantin littattafai

la librairie

kanti

le magasin

mai sayar da furanni

le fleuriste

babban kanti

le supermarché

kasuwa

le marché

kanti mai sassa

le grand magasin

shagon sayar da kifi

la poissonnerie

wurin sayayya

le centre commercial

matsayar jiragen ruwa

le port

ma'ajiyar motoci

le parc

benci

la banque

gada

le pont

kafar bene

les escaliers

karkashin kasa

le métro

ramin karkashin kasa

le tunnel

matsayar bas

l'arrêt de bus

mashaya

le bar

gidan abinci

le restaurant

akwatin sakonni

la boîte à lettres

alamar titi

le panneau indicateur

mitar ajiye motoci

le parcmètre

gidan namun daji

le zoo

kwamin iyo

le réverbère

masallaci

la mosquée

gona
la ferme

gurbata
la pollution

makabarta
la cimetière

coci
l'église

filin wasanni
l'aire de jeux

dakin bauta
le temple

fadin kasa
le paysage

ganye
la feuille

turken alama
le panneau indicateur

hanya
le chemin

makiyaya
le pré

dutse
la pierre

mai tattaki
le randonneur

bishiya
l'arbre

korama
la rivière

ciyawa
l'herbe

fure
la fleur

kwazazzabo
....
la vallée

tudu
....
la montagne

tafki
....
le lac

daji
....
la forêt

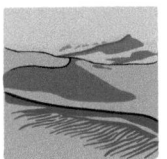

hamada
....
le désert

amon dutse
....
le volcan

fada
....
le château

bakan-gizo
....
l'arc-en-ciel

malafar jaki
....
le champignon

bishiyar kwakwar manja
....
le palmier

sauro
....
le moustique

kuda
....
la mouche

tururuwa
....
les fourmis

zuma
....
l'abeille

gizo
....
l'araignée

burgunguma

le coléoptère

kwado

la grenouille

kurege

l'écureuil

bushiya

le hérisson

zomo

le lièvre

mujiya

la chouette

tsuntsu

l'oiseau

agwagwar ruwa

le cygne

aladen daji

le sanglier

namijin barewa

le cerf

kanki

l'élan

dam

le barrage

lantarki mai iska

l'éolienne

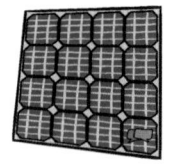

farantin hasken rana

le panneau solaire

yanayi

le climat

gidan abinci
le restaurant

sabis
le serveur
jerin abinci
le menu
kujera
la chaise
miya
la soupe
fiza
la pizza
kyallen rufe tuburi
la nappe
wuka da cokula
les couverts

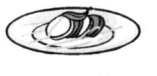

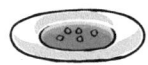

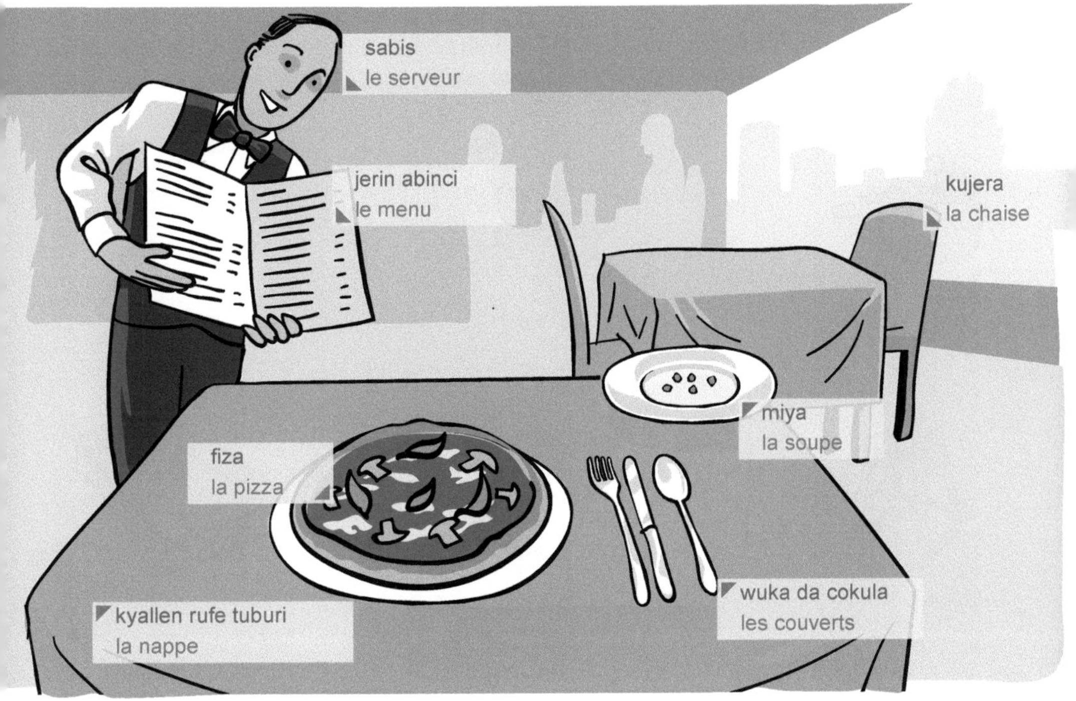

makunni

les hors d'œuvre

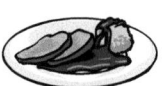

babban abinci

le plat principal

kayan zaki

le dessert

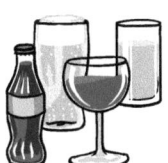

kayan sha

les boissons

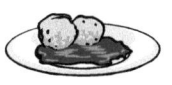

abinci

l'alimentation

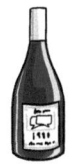

kwalba

la bouteille

abincin tafi-da-gidanka

le fast-food

abincin titi

les plats à emporter

tukunyar shayi

la théière

kwanon sikari

le sucrier

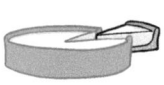

gutsire

la portion

injin hada kofi

la machine à expresso

kujera mai tudu

la chaise haute

doka

la facture

tire

le plateau

wuka

le couteau

cokali mai yatsu

la fourchette

cokali

la cuillère

cokalin shayi

la cuillère à thé

kyallen cin abinci

la serviette

gilashi

le verre

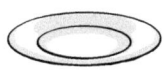

faranti

l'assiette

farantin miya

l'assiette à soupe

farantin kofi

la soucoupe

hadin dandano

la sauce

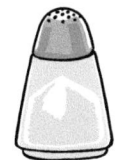

mazubin gishiri

la salière

abin nikan yaji

le moulin à poivre

lamurje

le vinaigre

mai

l'huile

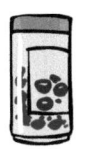

kayan dandano

les épices

miyar tumatir

le ketchup

mustad

la moutarde

mayonnaise

la mayonnaise

babban kanti

le supermarché

tayin musamman
l'offre promotionnelle
abokin ciniki
le client
matatsar nono
les produits laitiers
kayan marmari
les fruits
abin daukar kaya
le chariot
FOR

BUTCHERS

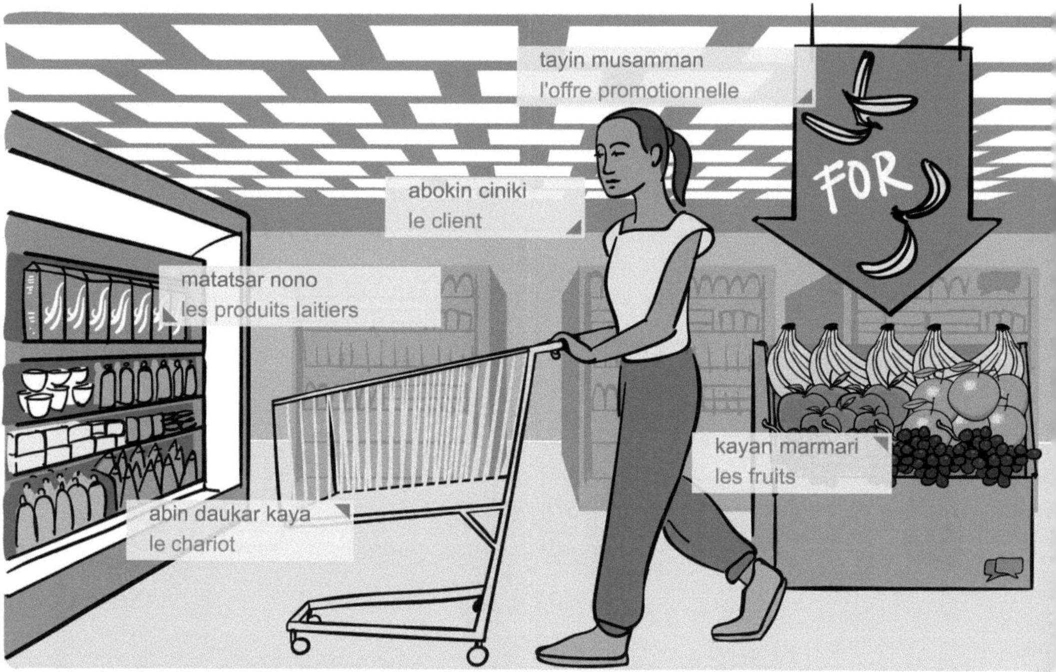

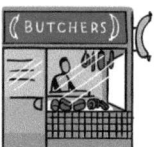

na mahauci

la boucherie

BAKERY

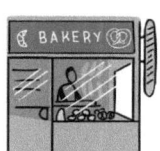

shagon mai burodi

la boulangerie

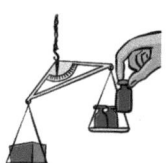

auna nauyi

peser

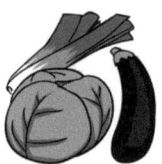

kayan lambu

les légumes

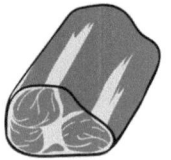

nama

la viande

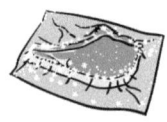

darkararren abinci

les aliments surgelés

nama mai sanyi

la charcuterie

abincin gwangwani

les conserves

garin sabulun wanki

la poudre à lessive

alewa

les bonbons

kayan amfanin gida

les articles ménagers

kayan tsafta

les détergents

mai sayarwa

la vendeuse

haro

la caisse

mai biyan kudi

le caissier

jerin kayan sayayya

la liste d'achats

sa'o'in budewa

les heures d'ouverture

alabe

le portefeuille

katin banki

la carte de crédit

jaka

le sac

jakar roba

le sac en plastique

les boissons

ruwa

l'eau

ruwan 'ya'yan itace

le jus de fruit

madara

le lait

coke

le coca

barasa

le vin

giya

la bière

barasa

l'alcool

koko

le chocolat chaud

shayi

le thé

kofi

le café

bakin kofi

l'expresso

kofi mai madara

le cappuccino

ayaba

la banane

tufa

la pomme

lemon zaki

l'orange

kankana

le melon

lemon tsami

le citron.

karas

la carotte

tafarnuwa

l'ail

gora

le bambou

albasa

l'oignon

kunnen-jaki

le champignon

dangin gyada

les noisettes

dangin taliya

les pâtes

sufageti

les spaghetti

shinkafa

le riz

man salak

la salade

sala-sala

les pommes frites

soyayyen dankali

les pommes de terre rôties

fiza

la pizza

hambaga

le hamburger

sanwich

le sandwich

kwan nama

l'escalope

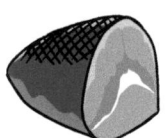

naman alade

le jambon

salami

le salami

kilishin turawa

la saucisse

kaza

le poulet

gashi

le rôti

kifi

le poisson

kamun oats

les flocons d'avoine

muesli

le muesli

kwamfiles

les cornflakes

fulawa

la farine

fanke

le croissant

yankan burodi

les petits-pains

burodi

le pain

gashi

le pain grillé

biskit

les biscuits

bota

le beurre

man shanu

le fromage blanc

kek

le gâteau

kwai

l'œuf

soyayyen kwai

l'œuf au plat

cuku

le fromage

askirim

la glace

sikari

le sucre

zuma

le miel

jam

la confiture

cakuletin shafawa

la crème nougat

kori

le curry

gona

la ferme

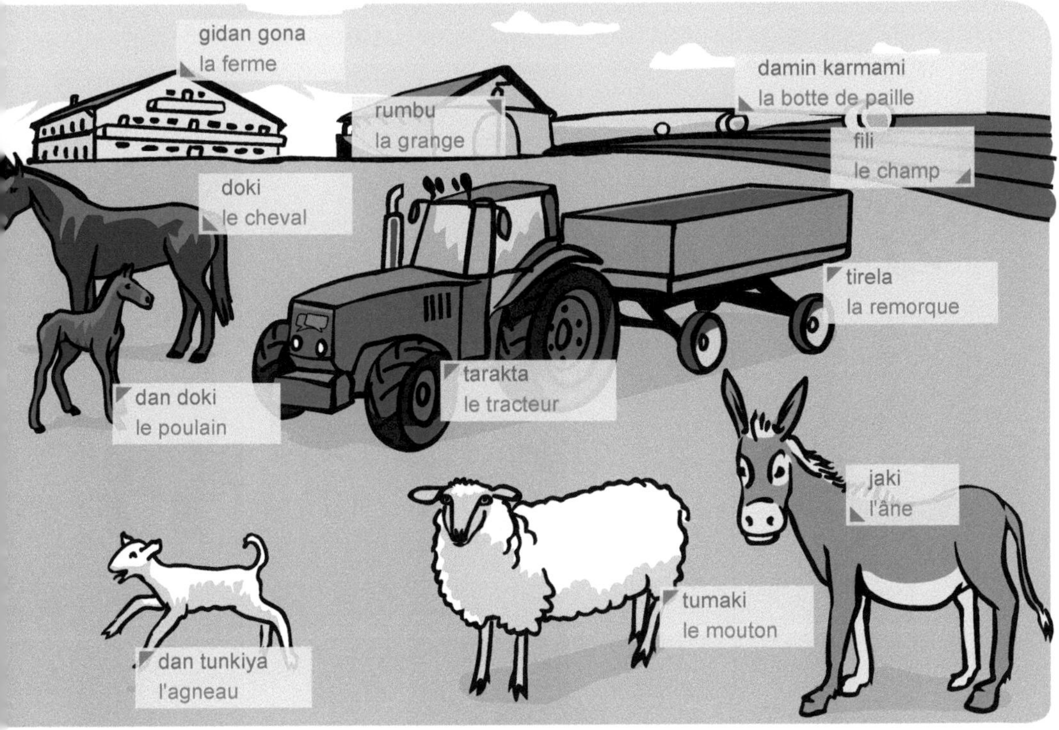
gidan gona
la ferme
rumbu
la grange
damin karmami
la botte de paille
fili
le champ
doki
le cheval
tirela
la remorque
tarakta
le tracteur
dan doki
le poulain
jaki
l'âne
tumaki
le mouton
dan tunkiya
l'agneau

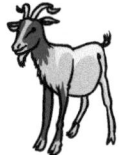

akuya

la chèvre

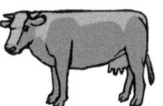

saniya

la vache

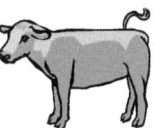

maraki

le veau

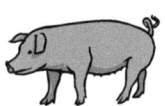

alade

le porc

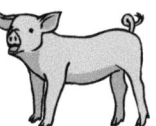

dan alade

le porcelet

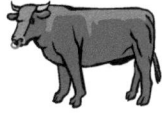

bajimi

le taureau

dinya

l'oie

agwagwa

le canard

dan tsako

le poussin

kaza

la poule

zakara

le coq

bera

le rat

kyanwa

le chat

bera

la souris

takarkari

le bœuf

kare

le chien

dakin kare

le chenil

bututun lambu

le tuyau de jardin

bokitin ban-ruwa

l'arrosoir

ashasha

la faucheuse

garma

la charrue

lauje

la faucille

fartanya

la pioche

cebur mai yatsu

la fourche

gatari

la hache

wilbaro

la brouette

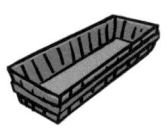

mazubin abincin dabbobi

la cuve

gwangwanin madara

le pot à lait

buhu

le sac

shinge

la clôture

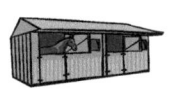

barga

l'étable

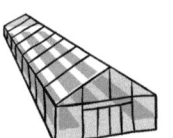

koren-gida

le serre

rairai

le sol

iri

les semences

taki

l'engrais

injin girbi da sussuka

la moissonneuse-batteuse

girbe

récolter

girbi

la récolte

doya

l'igname

alkama

le blé

waken soya

le soja

dankali

la pomme de terre

dawa

le maïs

furen mai

le colza

bishiyar kayan marmari

l'arbre fruitier

rogo

le manioc

hatsi

les céréales

gida
la maison

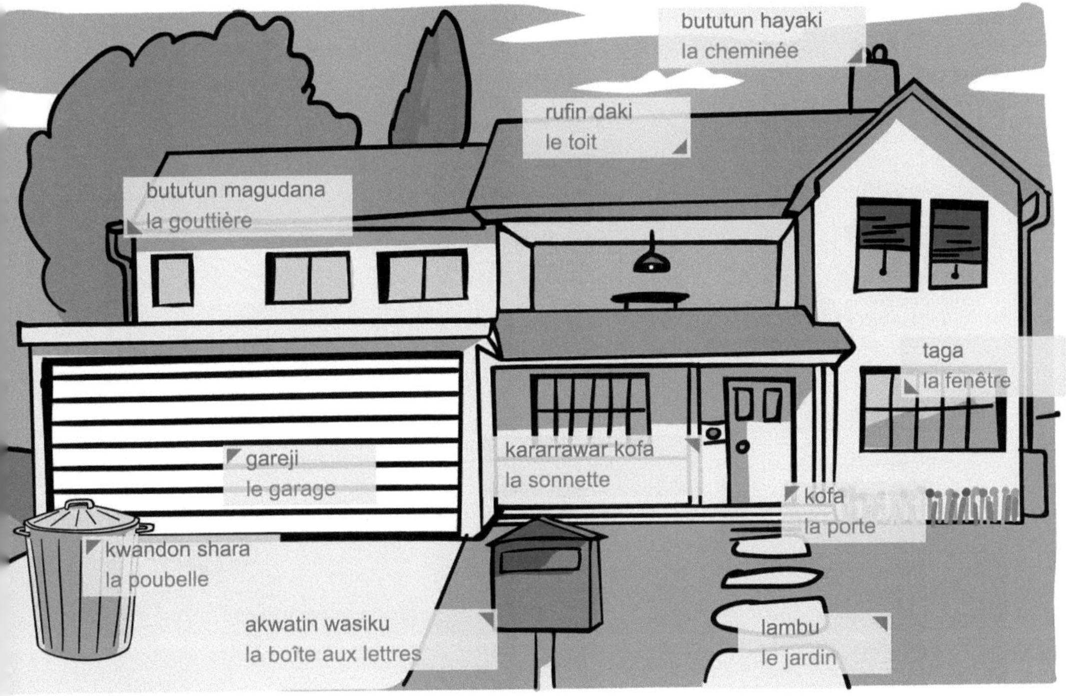
bututun hayaki
la cheminée
rufin daki
le toit
bututun magudana
la gouttière
taga
la fenêtre
gareji
le garage
kararrawar kofa
la sonnette
kofa
la porte
kwandon shara
la poubelle
akwatin wasiku
la boîte aux lettres
lambu
le jardin

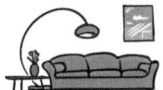

falo

le salon

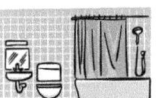

dakin wanka

la salle de bain

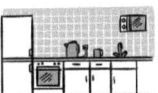

kicin

la cuisine

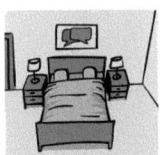

dakin kwana

la chambre à coucher

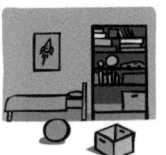

dakin yaro

la chambre d'enfant

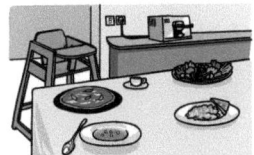

dakin cin abinci

la salle à manger

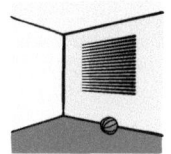

dabe
le sol

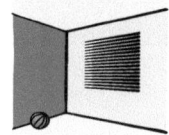

bango
le mur

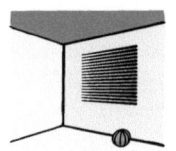

sili
le plafond

dakin karkashin kasa
la cave

wurin wankan dumi
le sauna

barandar bene
le balcon

baranda
la terrasse

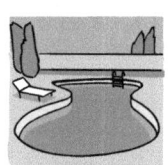

gulbin ninkaya
la piscine

injin yanke ciyawa
la tondeuse à gazon

kwano
la housse

zanen gado
la couette

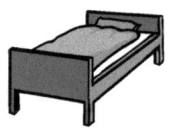

gado
le lit

tsintsiya
le balai

bokiti
le sceau

makunni
l'interrupteur

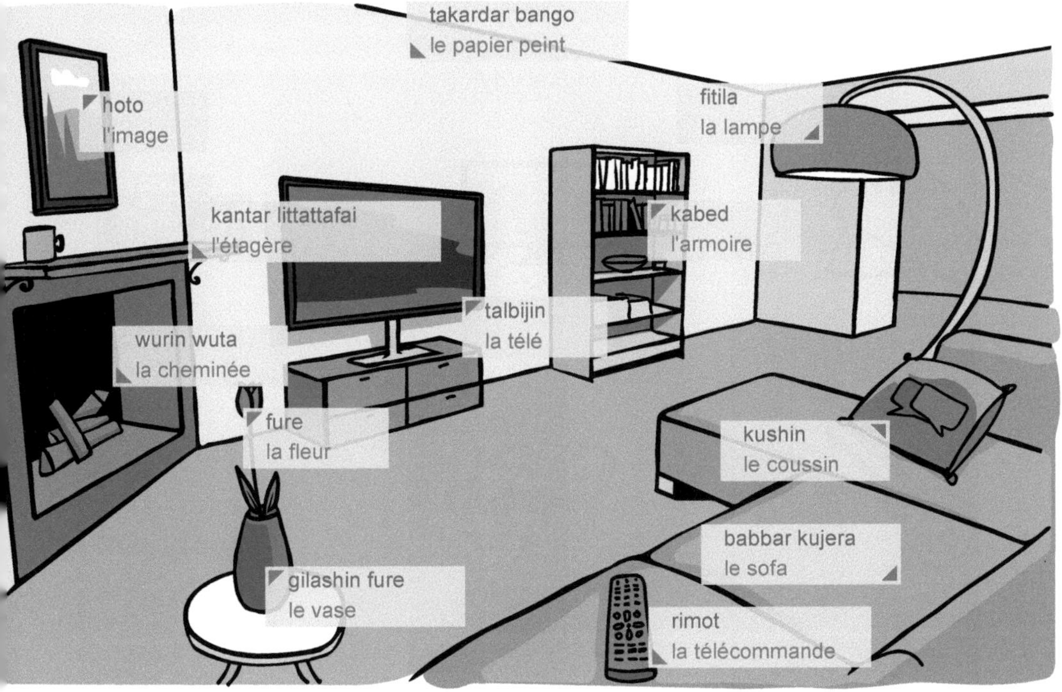

takardar bango
le papier peint

hoto
l'image

fitila
la lampe

kantar littattafai
l'étagère

kabed
l'armoire

talbijin
la télé

wurin wuta
la cheminée

fure
la fleur

kushin
le coussin

babbar kujera
le sofa

gilashin fure
le vase

rimot
la télécommande

darduma

le tapis

labule

le rideau

teburi

la table

kujera

la chaise

kujera mai shillo

la chaise à bascule

kujera mai hannu

le fauteuil

littafi

le livre

bargo

la couverture

kwalliya

la décoration

itacen girki

le bois de chauffage

fim

le film

kayan hi-fi

la chaîne hi-fi

makulli

la clé

jarida

le journal

zanen fenti

la peinture

fasta

le poster

rediyo

la radio

takardar rubutu

le bloc-notes

na'urar share darduma

l'aspirateur

murtsunguwa

le cactus

kyandir

la bougie

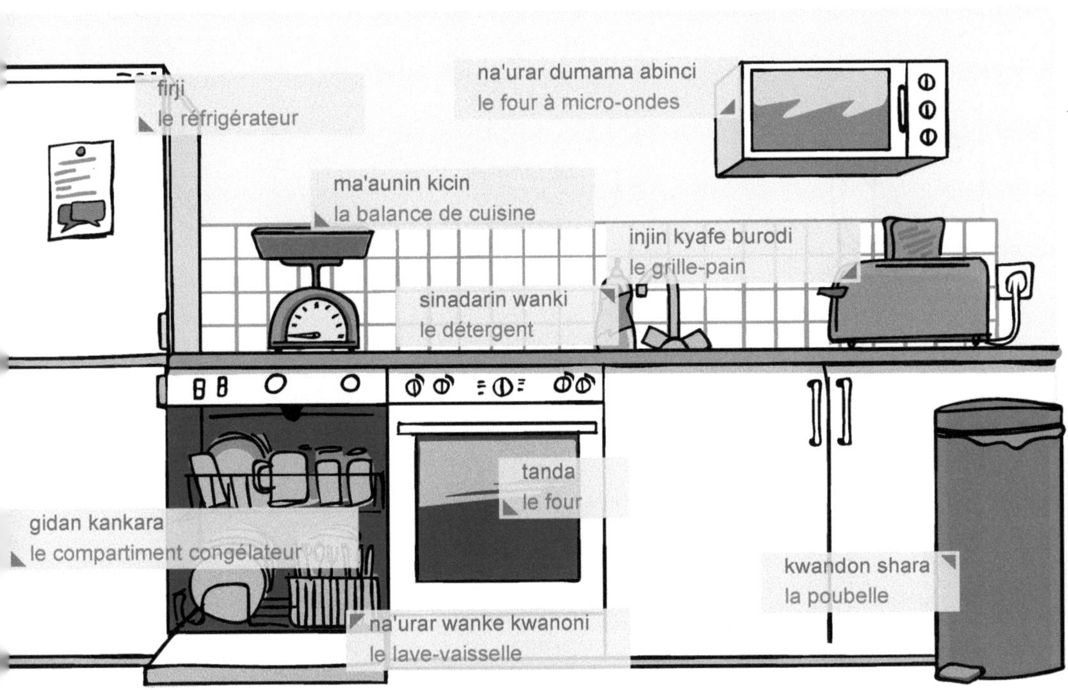

na'urar dumama abinci
le four à micro-ondes

firji
le réfrigérateur

ma'aunin kicin
la balance de cuisine

injin kyafe burodi
le grille-pain

sinadarin wanki
le détergent

tanda
le four

gidan kankara
le compartiment congélateur

kwandon shara
la poubelle

na'urar wanke kwanoni
le lave-vaisselle

cooker

le four

tukunya

la casserole

tukunyar alminiyum

la marmite

kwanon suya

le wok / kadai

kwanan suya

la poêle

buta

la bouilloire electrique

tukunyar dumi

le cuiseur vapeur

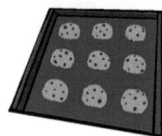

kwanan gashi

la plaque de cuisson

kayan tangaran

la vaisselle

tambulan

le gobelet

kwano

la coupe

tsinkayen cin abinci

les baguettes

ludayi

la louche

ludayin suya

la spatule

makadin kwai

le fouet

rariya

la passoire

mataci

le tamis

na'urar nika

la râpe

turmi

le mortier

balangu

le barbecue

wutar sarari

la cheminée

katakon yanke-yanke

la planche à découper

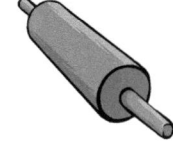

katakon murji

le rouleau à pâtisserie

mabudin kwalba

le tire-bouchon

gwangwani

la boîte

mabudin gwangwani

l'ouvre-boîte

hannun tukunya

les maniques

wurin wanke-wanke

le lavabo

burushi

la brosse

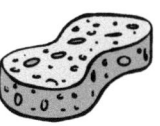

soso

l'éponge

bilenda

le mixeur

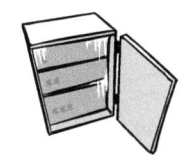

babban gidan kankara

le congélateur

bulumboti

le biberon

famfo

le robinet

dakin wanka

la salle de bain

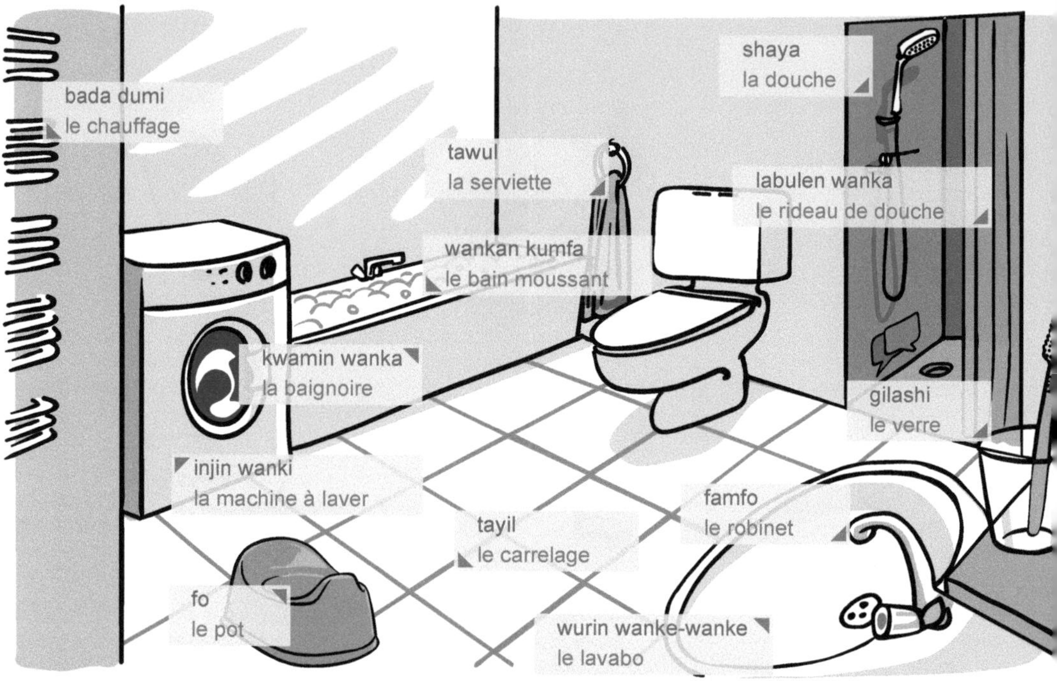
bada dumi
le chauffage
shaya
la douche
tawul
la serviette
labulen wanka
le rideau de douche
wankan kumfa
le bain moussant
kwamin wanka
la baignoire
gilashi
le verre
injin wanki
la machine à laver
famfo
le robinet
tayil
le carrelage
fo
le pot
wurin wanke-wanke
le lavabo

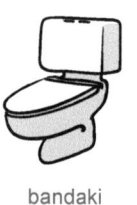

bandaki

les toilettes

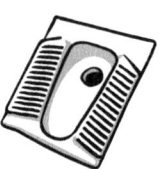

bandakin tsuguno

la toilette à la turque

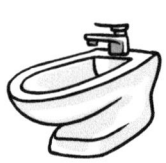

kwamin tsarki

le bidet

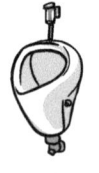

wurin fitsari

l'urinoir

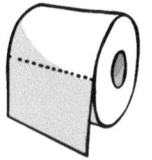

takardar bandaki

le papier toilette

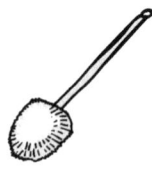

burushin bandaki

la brosse à toilette

burushin hakori

la brosse à dents

man hakori

le dentifrice

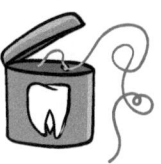

zaren sakace

le fil dentaire

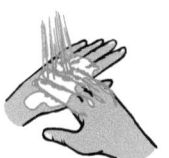

wanke

laver

shayar hannu

la douche manuelle

wankin farji

la douche intime

kwamin wanke hannu

la vasque

burushin wanke baya

la brosse dorsale

sabulu

le savon

ruwan sabulun wanka

le gel douche

man gyaran gashi

le shampooing

tsumman wanka

le gant de toilette

lambatu

l'écoulement

kirim

la crème

turaren kamshi

le déodorant

madubi

le miroir

madubin hannu

le miroir cosmétique

reza

le rasoir

man yaran fuska

la mousse à raser

man aski

l'après-rasage

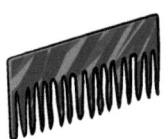

mataji

la peigne

burushi

la brosse

na'urar busar da gashi

le sèche-cheveux

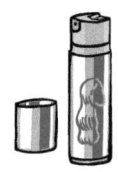

man gashi

la laque pour cheveux

kwalliya

le fond de teint

jan-baki

le rouge à lèvres

man farce

le vernis à ongles

audugar goge kunne

l'ouate

almakashin yankan farce

le coupe-ongles

turare

le parfum

jakar wanka
....
la trousse de toilette

bahaya
....
le tabouret

ma'aunin nauyi
....
le pèse-personne

rigar wanka
....
le peignoir

safar roba
....
les gants de nettoyage

audugar haila
....
le tampon

audugar mata
....
les serviettes hygiéniques

bandakin tafi-da-gidanka
....
la toilette chimique

dakin yaro
la chambre d'enfant

agogo mai kararrawa
le réveil
yartsanar tsumma
le doudou
motar wasan yara
la voiture jouet
kara
le hochet
gidan 'yartsana
la maison de poupée
kyauta
le cadeau

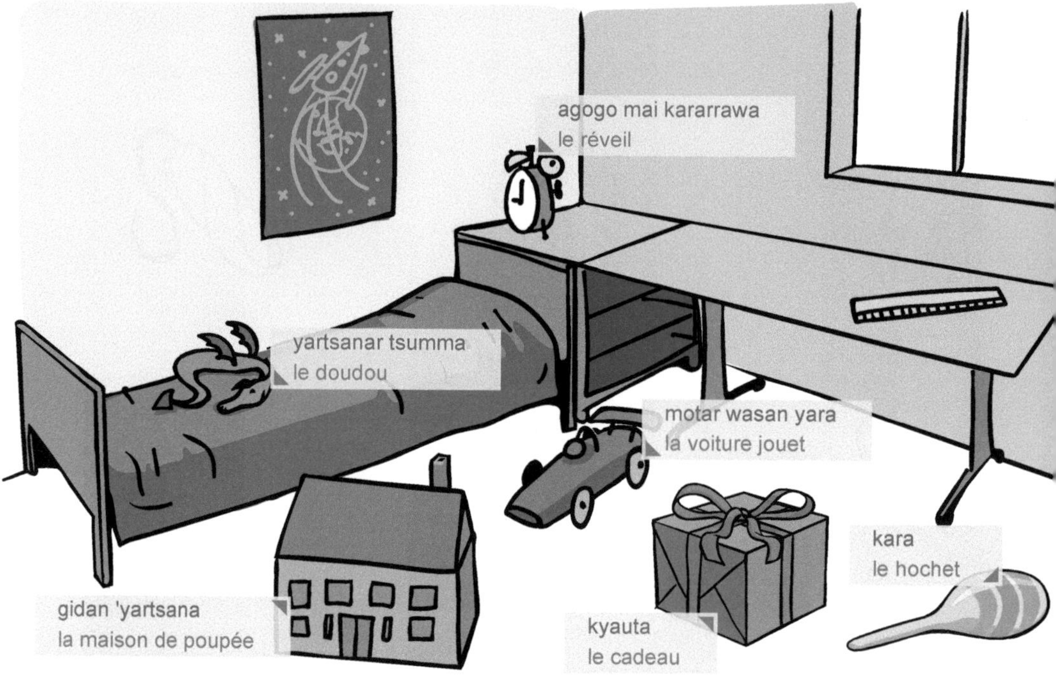

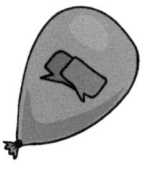

balo

le ballon

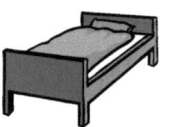

gado

le lit

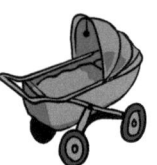

keken jarirai

la poussette

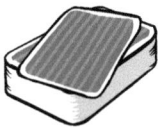

benen kwalaye

le jeu de cartes

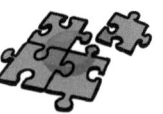

wasa kwakwalwa

le puzzle

SUPER
MEGA

ban dariya

la bande dessinée

tubalan roba

les pièces lego

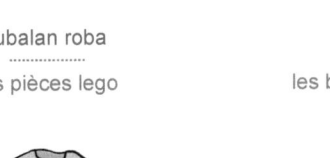

tubalan gini

les blocs de construction

mutum-mai-aiki

la figurine

rigar jariri

la grenouillère

Dokin iska

le frisbee

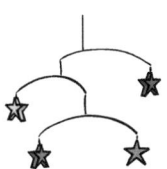

tafi-da-gidanka

le mobile

wasan dara

le jeu de société

dan ludo

le dé

zubin kwatancin jirgin kasa

le train miniature

mutum-mutumi

la sucette

walima

la fête

littafi mai hotuna

le livre d'images

kwallo

la balle

yartsana

la poupée

yi wasa

jouer

akwatin yashi

le bac à sable

lilo

la balançoire

kayan wasan yara

les jouets

allon wasannin bidiyo

la console de jeu

babur mai taya uku

le tricycle

yartsanar tsumma

l'ours en peluche

wadirob

l'armoire

tufafi

les vêtements

safa

les chaussettes

sitokins

les bas

matse-jiki

le collant

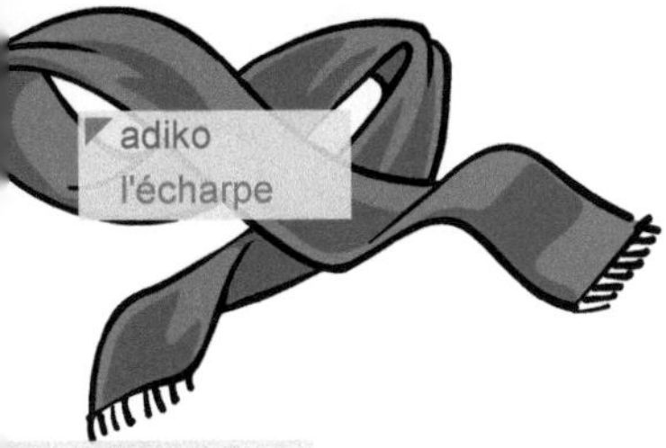

adiko
l'écharpe

lema
le parapluie

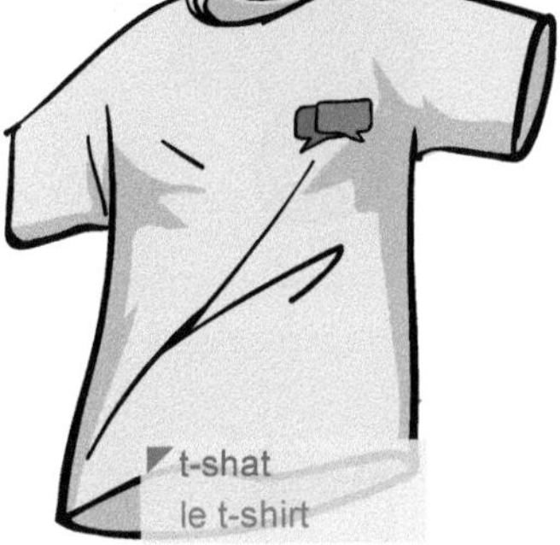

belet
la ceinture

t-shat
le t-shirt

takalman aiki
les bottes

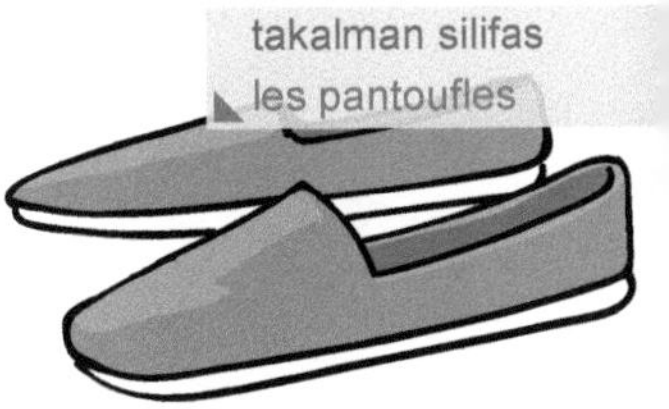

takalman silifas
les pantoufles

takalman wasa
les baskets

takalman sandal
....
les sandales

takalma
....
les chaussures

takalman roba
....
les bottes de caoutchouc

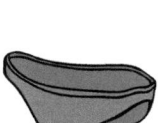

kamfai
....
les sous-vêtements

rigar nono
....
le soutien-gorge

falmaran
....
le maillot de corps

jiki

le body

wando

le pantalon

jeans

le jean

dantofi

la jupe

rigar mata

le chemisier

karamar riga

la chemise

riga mai hula

le pull

hular riga

le sweat à capuche

bileza

la veste

jaket

la veste

kwat

le manteau

rigar ruwa

l'imperméable

kayan yayi

le costume

kayan sawa

la robe

rigar aure

la robe de mariée

kwat da wando

le costume

rigar dare

la chemise de nuit

kayan barci

le pyjama

sari

le sari

dankwali

le foulard

rawani

le turban

hijabi

la burqa

kaftani

le caftan

abaya

l'abaya

rigar iyo

le maillot de bain

wandon wasa

le maillot de bain

gajeran wando

le short

kayan wasanni

la tenue d'entraînement

kyallen aiki

le tablier

safar hannu

les gants

maballi

le bouton

tabarau

les lunettes

awarwaro

le bracelet

tsakiya

le collier

zobe

la bague

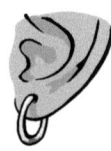

dan kunne

la boucle d'oreille

hula

le bonnet

maratayin kwat

le cintre

malafa

le chapeau

lakataya

la cravate

zi

la fermeture éclair

hular kwano

le casque

masu daidaita hakori

les bretelles

kayan makaranta

l'uniforme scolaire

yunifom

l'uniforme

tufafi - les vêtements

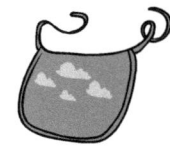

kyallen cin abincin jariri

le bavoir

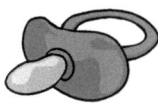

mutum-mutumi

la sucette

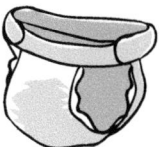

kunzugu

la lange

ofis

le bureau

saba
le serveur
kabed din fayiloli
l'armoire d'archivage
na'urar dab'i
l'imprimante
takarda
le papier
fuskar kwamfuta
l'écran
mouse
la souris
babban teburi
le bureau
makunshi
le classeur
allon madannai
le clavier
kwandon shara
la corbeille à papier
kwamfuta
l'ordinateur
kujera
la chaise

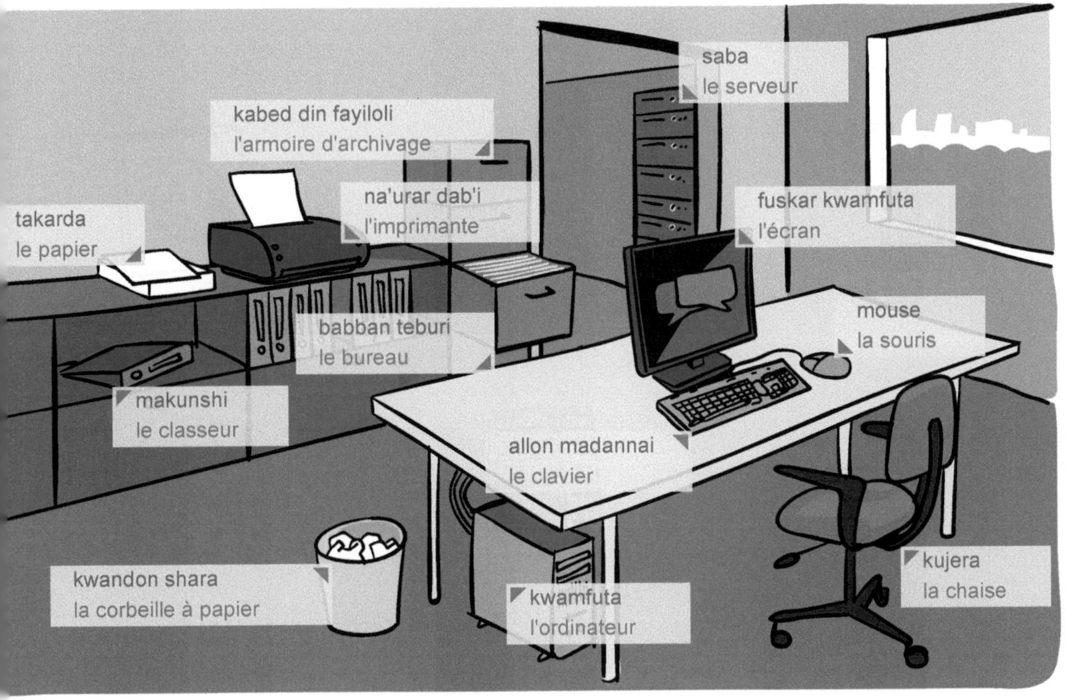

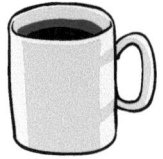

tambulan kofi

la tasse de café

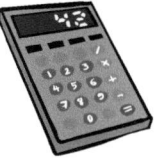

kwakuleta

la calculatrice

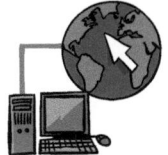

intanet

l'internet

laptop

l'ordinateur portable

wasika

la lettre

sako

le message

tafi-da-gidanka

le portable

sadarwa

le réseau

na'urar hoton takarda

la photocopieuse

kwakwalwar kwamfuta

le logiciel

tarho

le téléphone

jona soket

la prise

na'urar faks

le fax

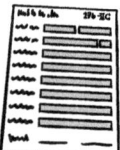

fom

le formulaire

daftari

le document

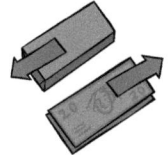

sayi
....
acheter

biya
....
payer

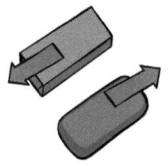

yi ciniki
....
faire du commerce

kudi
....
la monnaie

dala
....
le dollar

euro
....
l'euro

yen
....
le yen

robul
....
le rouble

franc na Swiss
....
le franc suisse

renminbi yuan
....
le renminbi yuan

rupee
....
la roupie

injin bada kudi
....
le distributeur automatique

gidan canjin kudi

le bureau de change

zinare

l'or

azurfa

l'argent

mai

le pétrole

makamashi

l'énergie

farashi

le prix

matuntuba

le contrat

haraji

la taxe

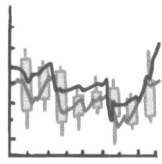

kaya

l'action

yi aiki

travailler

ma'aikaci

l'employé

mai daukar ma'aikata

l'employeur

masana'anta

l'usine

kanti

le magasin

sana'o'i
les professions

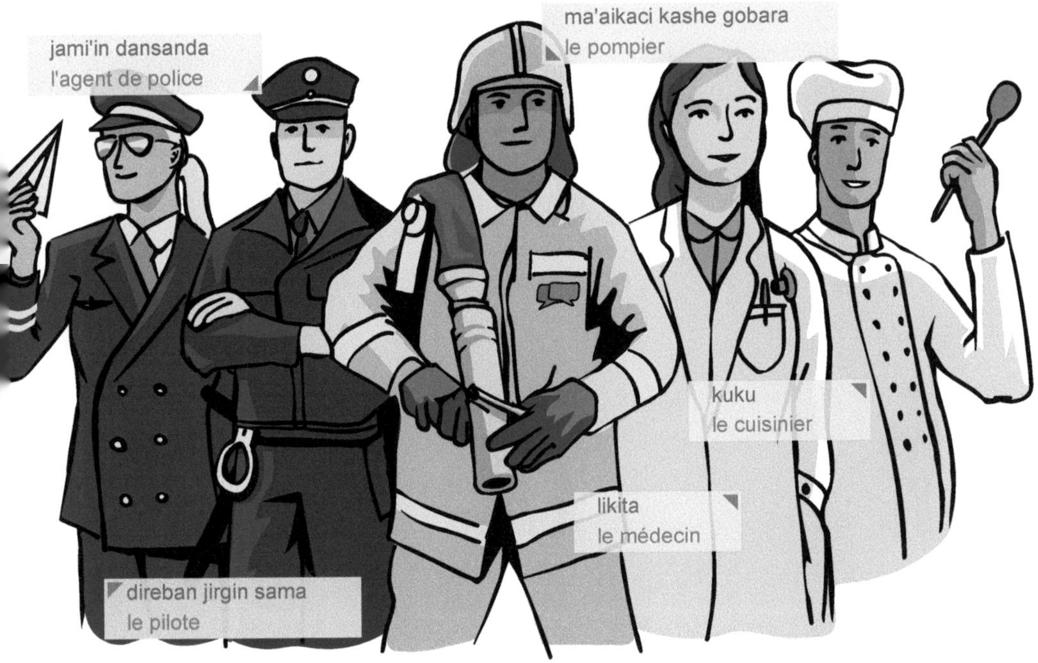
jami'in dansanda
l'agent de police
ma'aikaci kashe gobara
le pompier
kuku
le cuisinier
likita
le médecin
direban jirgin sama
le pilote

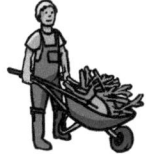

mai aikin lambu
le jardinier

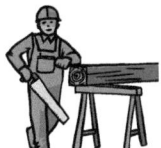

kafinta
le menuisier

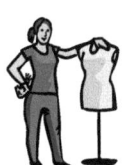

mace mai dinki
la couturière

alkali
le juge

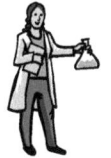

mai hada magunguna
le chimiste

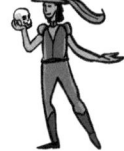

jarumi
l'acteur

direban bas

le conducteur de bus

direban tasi

le chauffeur de taxi

masunci

le pêcheur

mace mai shara

la femme de ménage

mai aikin rufi

le couvreur

sabis

le serveur

mafarauci

le chasseur

mai fenti

le peintre

mai yin burodi

le boulanger

mai gyaran lantarki

l'électricien

magini

l'ouvrier

injiniya

l'ingénieur

mahauci

le boucher

mai gyaran famfo

le plombier

mai raba wasiku

le facteur

soja

le soldat

mai zayyanar gidaje

l'architecte

mai biyan kudi

le caissier

mai sayar da furanni

le fleuriste

mai gyaran gashi

le coiffeur

mai kida

le contrôleur

bakanike

le mécanicien

kyaftin

le capitaine

likitan hakori

le dentiste

masanin kimiyya

le scientifique

limamin yahudu

le rabbin

liman

l'imam

mai ibadar kirista

le moine

malamin addini

le prêtre

kayan aiki
les outils

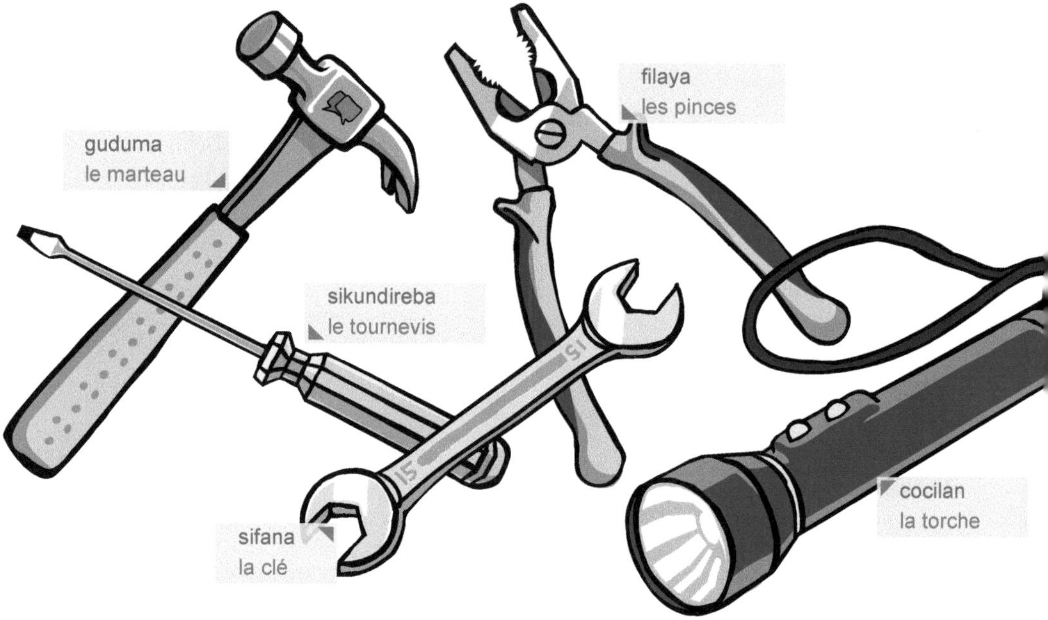
guduma
le marteau
filaya
les pinces
sikundireba
le tournevis
sifana
la clé
cocilan
la torche

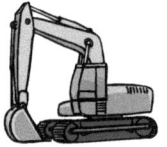

diga

la pelleteuse

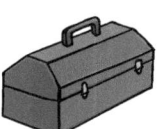

akwatin kayan aiki

la boîte à outils

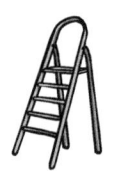

tsani

l'échelle

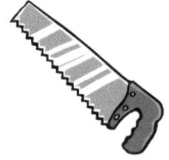

zarto

la scie

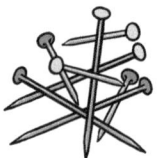

kusoshi

les clous

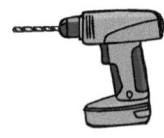

abin hudawa

la perceuse

gyara
....
réparer

chebur
....
la pelle

Tafdi!
....
Mince !

makwashin shara
....
la pelle

tukunyar fenti
....
le pot de peinture

kusoshi masu barima
....
les vis

kayan kida
les instruments de musique

tarkacen ganga
la batterie

lasifika
le haut-parleurs

jita
la guitare

rubin sauti
la contrebasse

begila
la trompette

fiyano

le piano

goge

le violon

karamin sauti

la basse

gangunan timpani

les timbales

ganguna

le tambour

masarrafin fiyano

le piano électrique

saxophone

le saxophone

sarewa

la flûte

makirfo

le microphone

gidan namun daji
le zoo

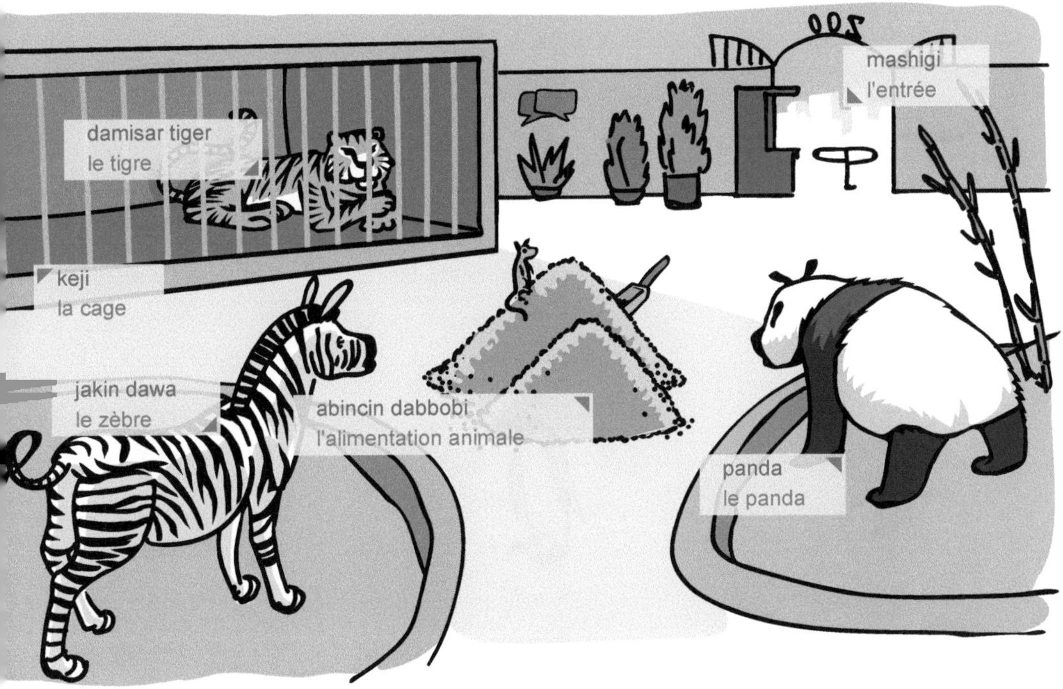
damisar tiger
le tigre
mashigi
l'entrée
keji
la cage
jakin dawa
le zèbre
abincin dabbobi
l'alimentation animale
panda
le panda

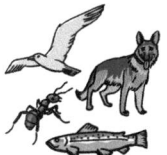

dabbobi

les animaux

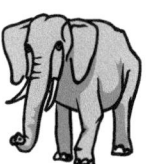

giwa

l'éléphant

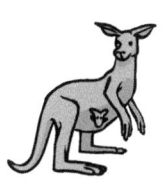

babba-da-jaka

le kangourou

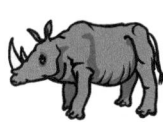

karkanda

le rhinocéros

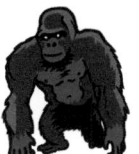

goggon biri

le gorille

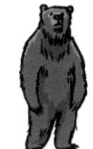

dabbar bear

l'ours

rakumi

le chameau

jimina

l'autruche

zaki

le lion

biri

le singe

dinya

le flamand rose

aku

le perroquet

bear ta yankin kankara

l'ours polaire

penguin

le pingouin

kifin shark

le requin

dawisu

le paon

maciji

le serpent

kada

le crocodile

mai tsaro zu

le gardien de zoo

seal

le phoque

damisar jaguar

le jaguar

dukushi

le poney

damisar leopard

le léopard

mugun dawa

l'hippopotame

rakumin dawa

la girafe

mikiya

l'aigle

aladen daji

le sanglier

kifi

le poisson

kunkuru

la tortue

walrus

le morse

dila

le renard

barewa

la gazelle

kwallon kafar Amurka
l'american Football

tseren keke
le cyclisme

wasan tennis
le tennis

kwallon kwando
le basket-ball

ninkaya
la natation

dambe
la boxe

kwallon gora na cikin ka
le hockey sur glace

kwallon kafa
le football

badiminton
le badminton

wasannin motsa jiki
l'athlétisme

kwallon hannu
le handball

wasan kan kankara
le ski

kwallon dawaki
le polo

yi dariya
rire

yi tsalle
sauter

rungumi
embrasser

yi tattaki
marcher

rera waka
chanter

mafarki
rêver

yi addu'a
prier

sumbaci
faire la bise

rubuta
écrire

zana
dessiner

nuna
montrer

tura
pousser

bayar
donner

dauki
prendre

sami

avoir

yi

faire

kasance

être

tsaya

être debout

gudu

courir

jawo

trier

jefa

jeter

faduwa

tomber

yi karya

être couché

jira

attendre

dauki

porter

zauna

être assis

sanya tufafi

s'habiller

yi barci

dormir

farka

se réveiller

kalli

regarder

kuka

pleurer

bugi

caresser

taje

peigner

yi magana

parler

fahimci

comprendre

tambayi

demander

saurari

écouter

sha

boire

ci

manger

tattare

ranger

yi soyayya

aimer

dafa

cuire

yi tuki

conduire

tashi

voler

tafi a kwalekwale

faire de la voile

kwakuleta

calculer

karanta

lire

koyi

apprendre

yi aiki

travailler

yi aure

se marier

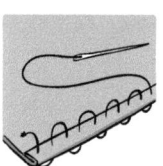

dinka

coudre

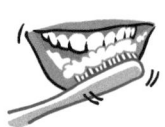

goge hakora

brosser les dents

kashe

tuer

busa taba

fumer

aika

envoyer

ka mace
grand-mère

kaka namiji
le grand-père

uba
le père

uwa
la mère

jariri
le bébé

ya
la fille

da
le fils

bako

l'hôte

gwaggo

la tante

kawu

l'oncle

dan'uwa

le frère

yar'uwa

la sœur

jiki

le corps

goshi
le front
ido
l'œil
kafada
l'épaule
yatsa
le doigt
fuska
le visage
ha'ba
le menton
hannu
la main
kafa
la jambe
nono
la poitrine
damtse
le bras

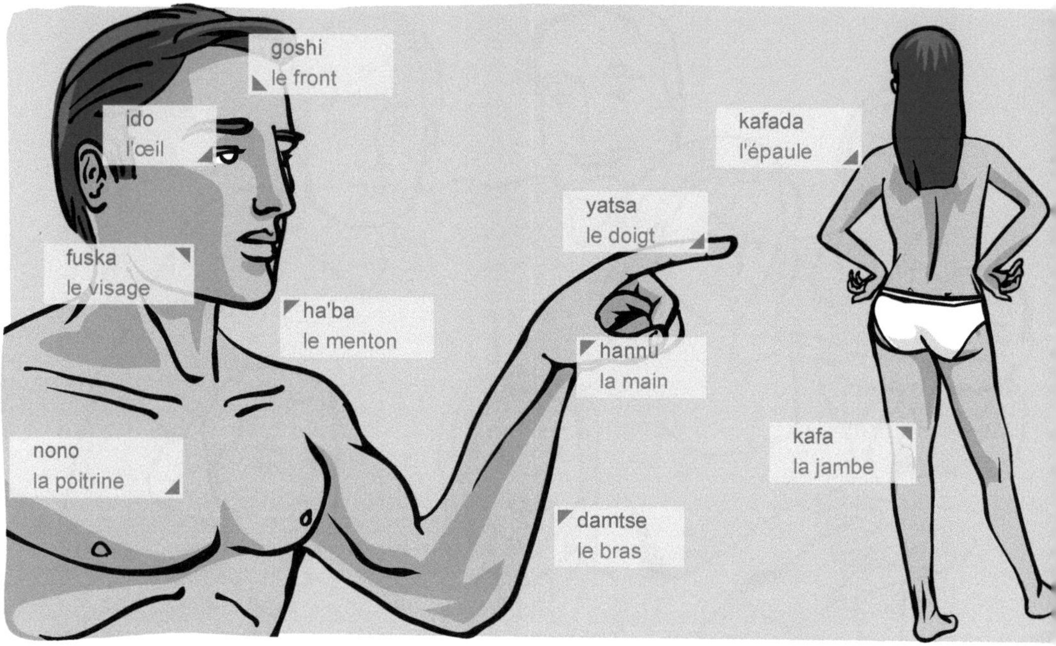

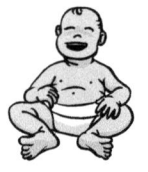

jariri

le bébé

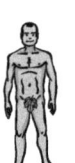

mutum

l'homme

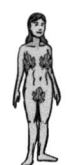

mace

la femme

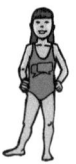

yarinya

la fille

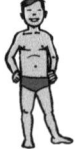

yaro

le garçon

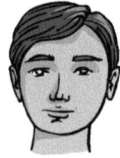

kai

la tête

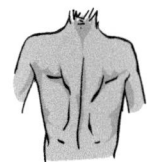

baya

le dos

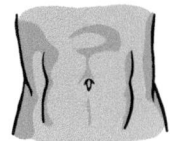

tulun ciki

le ventre

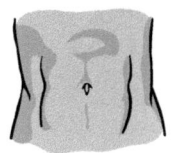

maballin ciki

le nombril

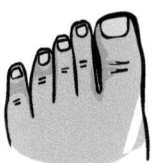

yatsan kafa

l'orteil

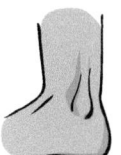

dudduge

le talon

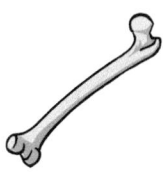

kashi

l'os

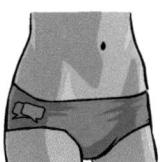

kugu

la hanche

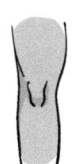

guiwa

le genou

guiwar hannu

le coude

hanci

le nez

kasa

les fesses

fata

la peau

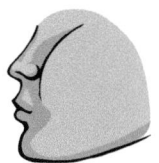

kumatu

la joue

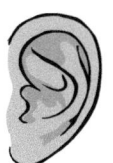

kunne

l'oreille

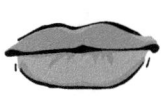

lebe

la lèvre

jiki - le corps

wata

la bouche

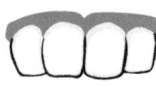

hakori

la dent

harshe

la langue

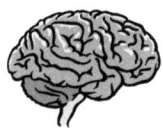

kwakwalwa

le cerveau

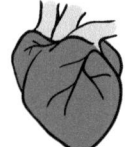

zuciya

le cœur

kwanji

le muscle

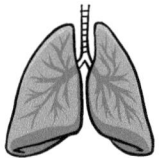

huhu

les poumons

hanta

le foie

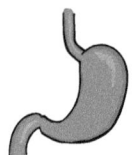

ciki

l'estomac

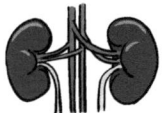

koda

les reins

jima'i

le rapport sexuel

kwaroron roba

le préservatif

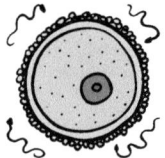

kwan mahaifa

l'ovule

maniyyi

le sperme

juna-biyu

la grossesse

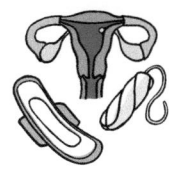

haila

la menstruation

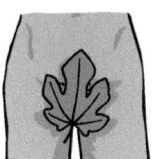

farji

le vagin

zakari

le pénis

gira

le sourcil

gashi

les cheveux

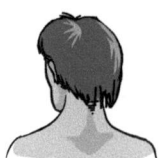

wuya

le cou

asibiti
l'hôpital

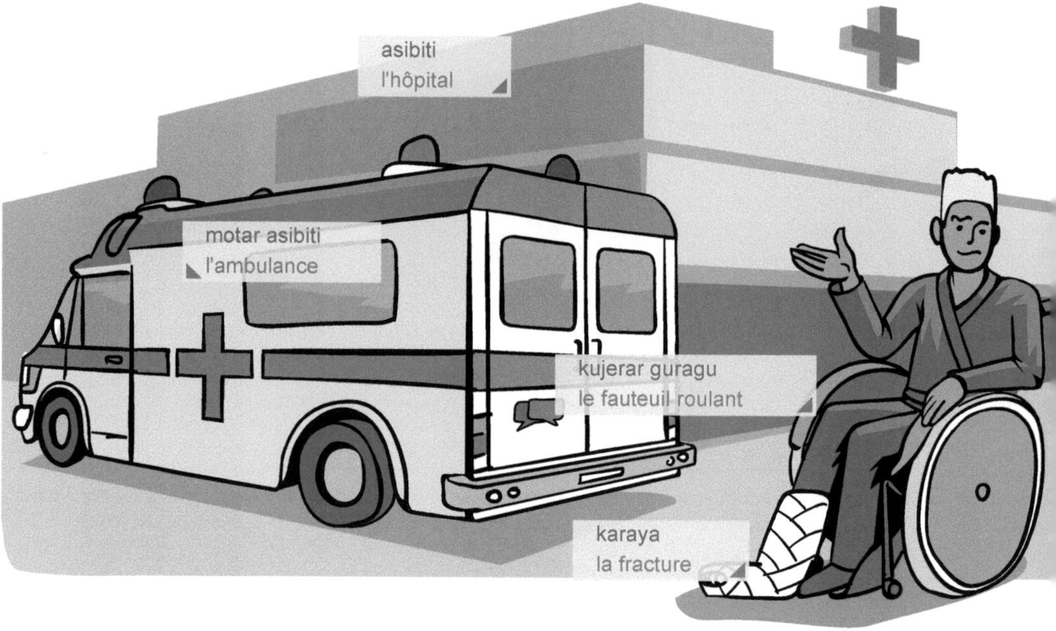

asibiti
l'hôpital
motar asibiti
l'ambulance
kujerar guragu
le fauteuil roulant
karaya
la fracture

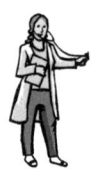

likita

le médecin

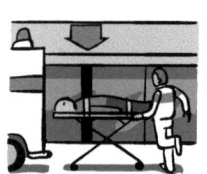

dakin kulawar gaggawa

le service des urgences

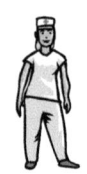

ma'aikaciyar jinya

l'infirmière

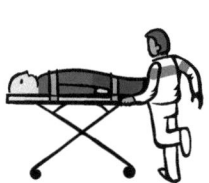

na gaggawa

l'urgence

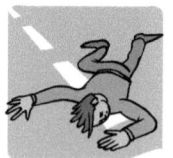

magashiyyan

inconscient

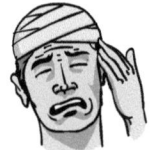

radadi

la douleur

rauni

la blessure

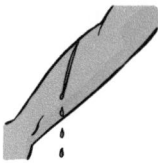

zubar jini

l'hémorragie

bugun zuciya

la crise cardiaque

bugun jini

l'attaque cérébrale

kyan-jiki

l'allergie

tari

la toux

zazzabi

la fièvre

mura

la grippe

gudawa

la diarrhée

ciwon kai

le mal de tête

cutar sankara

le cancer

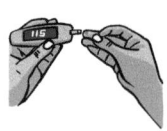

ciwon suga

le diabète

likitan tiyata

le chirurgien

wukar likita

le scalpel

tiyata

l'opération

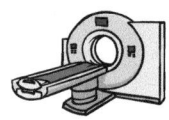

CT

le CT

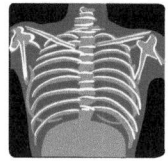

hoton kirji

la radiographie

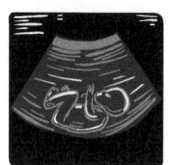

hoton ciki

l'échographie

marufin fuska

le masque

cuta

la maladie

dakin jira

la salle d'attente

madogari

la béquille

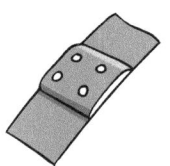

filasta

le pansement

bandeji

le pansement

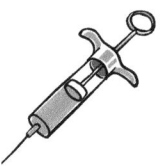

allura

l'injection

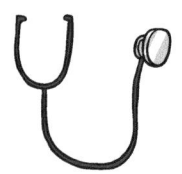

na'urar awon zuciya

le stéthoscope

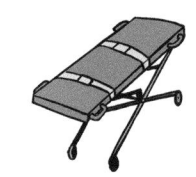

gadon daukar marar lafiya

le brancard

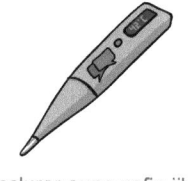

na'urar auna zafin jiki

le thermomètre

haihuwa

l'accouchement

yawan nauyi

la surcharge pondérale

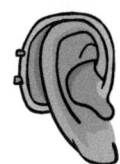

abin kara ji

l'appareil auditif

sinadarin kashe kwayoyin cuta

le désinfectant

kamuwar cuta

l'infection

kwayar cuta

le virus

Cutar Kanjamau

le VIH / le sida

magani

le médicament

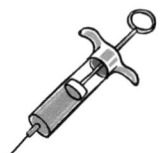

riga-kafi

la vaccination

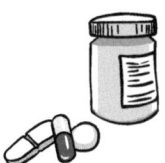

kwayoyin magani

les comprimés

magani

la pilule

kiran gaggawa

l'appel d'urgence

ma'aunin hawan jini

le tensiomètre

cuta / lafiya

malade / sain

Taimako!

Au secours !

farmaki

l'assaut

kararrawa

l'alarme

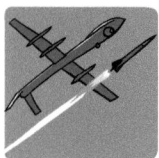

hari

l'attaque

hatsari

le danger

kofar ko-takwana

la sortie de secours

Wuta!

Au feu!

abin kashe wuta

l'extincteur

hadari

l'accident

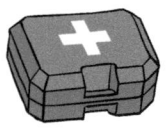

kayan taimakon gaggawa

la trousse de premier
secours

Neman taimako

SOS

dansanda

la police

Turai

l'Europe

Amurka ta Arewa

l'Amérique du Nord

Amurka ta Kudu

l'Amérique du Sud

Afirka

l'Afrique

Asiya

l'Asie

Australia

l'Australie

Atlantika

l'Océan atlantique

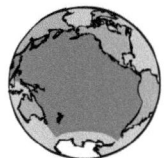

Pacific

l'Océan pacifique

Tekun Indiya

l'Océan indien

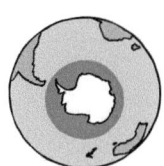

Tekun Antatika

l'Océan antarctique

Tekun Arctic

l'Océan arctique

Barin duniya na Arewa

le Pôle nord

Barin duniya na Kudu

le Pôle sud

Antatika

l'Antarctique

Kasa

la terre

tsandauri

le pays

kogi

la mer

tsibiri

l'île

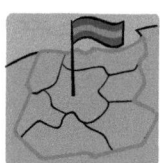

kasa

la nation

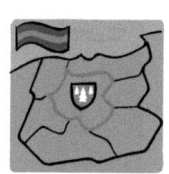

jiha

l'état

fuskar agogo

le cadran

hannun awa

l'aiguille des heures

hannun mintuna

l'aiguille des minutes

hannun dakika

l'aiguille des secondes

Karfe nawa yanzu?

Quelle heure est-il ?

rana

le jour

lokaci

le temps

yanzu

maintenant

agogon dijita

la montre digitale

minti

la minute

awa

l'heure

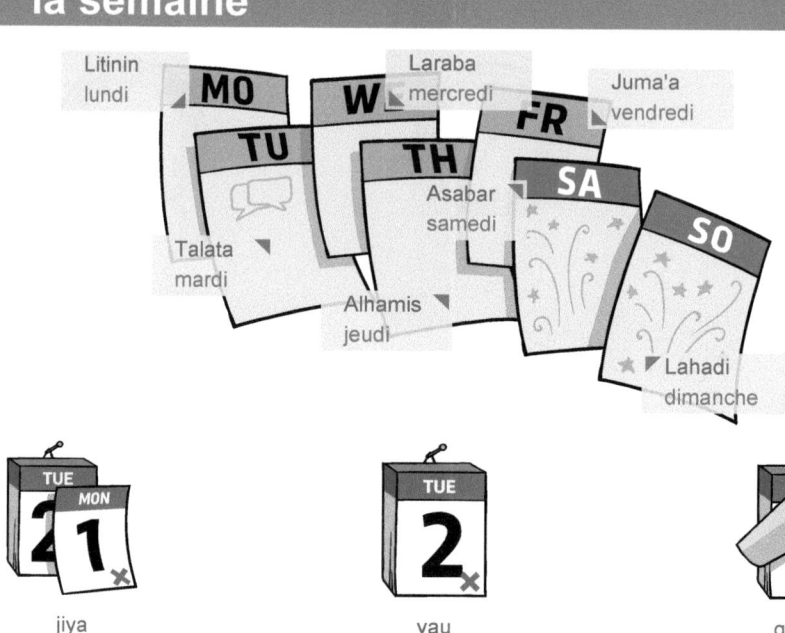

Litinin
lundi

Laraba
mercredi

Juma'a
vendredi

Talata
mardi

Asabar
samedi

Alhamis
jeudi

Lahadi
dimanche

jiya

hier

yau

aujourd'hui

gobe

demain

safiya

le matin

tsakar rana

le midi

yamma

le soir

ranakun kasuwanci

les jours ouvrables

karshen mako

le week-end

shekara
l'année

ruwan sama
la pluie
bakan-gizo
l'arc-en-ciel
dusar kankara
la neige
iska
le vent
damina
le printemps
Kaka
l'automne
bazara
l'été
lokacin sanyi
l'hiver

4.APRIL 11°
5.APRIL 4°
6.APRIL 13°
7.APRIL 8°
8.APRIL 10°

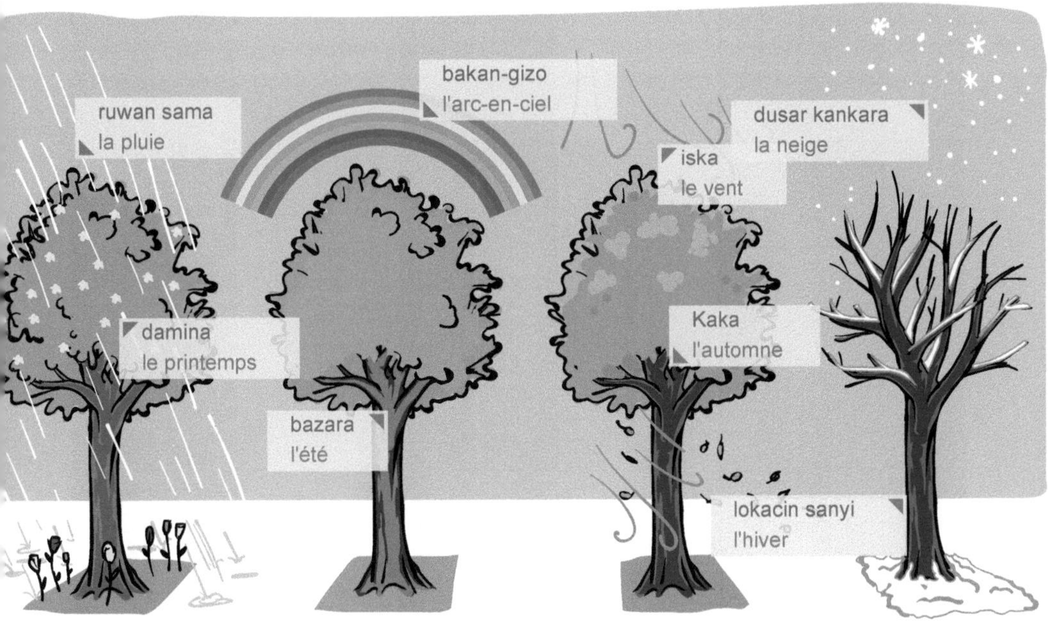

hasashen yanayi

la météo

F C
120 40
90 30
60 20
30 10
0 0
-30 -10
-20

na'urar gwajin zafi da sanyi

le thermomètre

hasken rana

la lumière du soleil

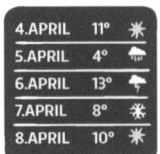

gajimare

le nuage

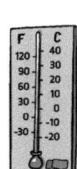

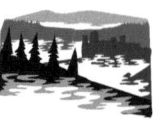

hazo

le brouillard

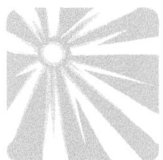

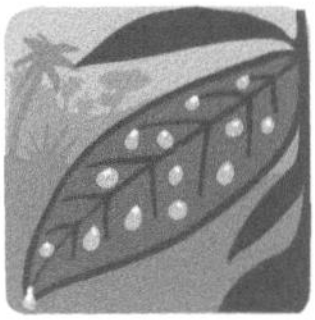

dumi

l'humidité

walkiya

la foudre

aradu

la tonnerre

guguwa

la tempête

kankarar ruwan sama

la grêle

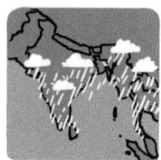

iskar bazara

la mousson

ambaliyar ruwa

l'inondation

kankara

la glace

Janairu

janvier

Fabarairu

février

Maris

mars

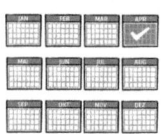

Afirilu

avril

Mayu

mai

Yuni

juin

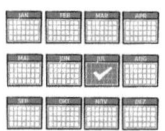

Yuli

juillet

Agusta

août

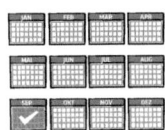

Satumba
....
septembre

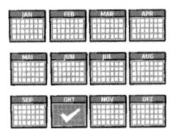

Oktoba
....
octobre

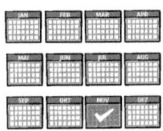

Nuwamba
....
novembre

Disamba
....
décembre

siffofi

les formes

da'ira
....
le cercle

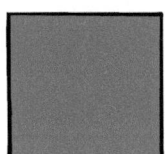

murabba'i
....
le carré

kusurwa hudu
....
le rectangle

kusurwa uku
....
le triangle

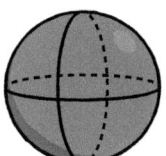

mulmulalle
....
la sphère

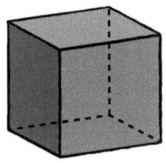

dunkule
....
le cube

les couleurs

fari

blanc

rawaya

jaune

ruwan lemo

orange

ruwan shanshanbali

rose

ja

rouge

garura

violet

shudi

bleu

kore

vert

ruwan kasa

marron

ruwan toka

gris

baki

noir

da yawa / kadan

beaucoup / peu

fushi / nutsuwa

fâché / calme

kyakkyawa / mummuna

joli / laid

farko / karshe

le début / la fin

babba / karami

grand / petit

mai haske / mai duhu

clair / obscure

dan uwa / 'yar uwa

frère / soeur

mai tsafta / kazami

propre / sale

cikakke / maras cika

complet / incomplet

rana / dare

le jour / la nuit

matacce / mai rai

mort / vivant

mai fadi / matsattse

large / étroit

na ci / ba na ci ba

comestible / incomestible

mugu / mai tausayi

méchant / gentil

mai karsashi / gajiyayye

excité / ennuyé

kakkaura / siriri

gros / mince

na farko / na karshe

le premier / le dernier

aboki / makiyi

l'ami / l'ennemi

cikakke / holoko

plein / vide

mai tauri / mai laushi

dur / souple

mai nauyi / marar nauyi

lourd / léger

yunwa / kishin ruwa

faim / soif

cuta / lafiya

malade / sain

haramtacce / halastacce

illégal / légal

mai basira / dakiki

intelligent / stupide

hagu / dama

gauche / droite

kusa / nesa

proche / loin

sabo / na-hannu

nouveau / usé

ba komai / wani abu

rien / quelque chose

tsoho / yaro

vieux / jeune

kunna / kashe

marche / arrêt

a bude / a rufe

ouvert / fermé

shiru / kara

faible / fort

mai arziki / talaka

riche / pauvre

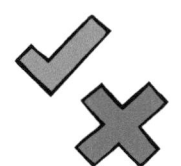

daidai / bata

correct / incorrect

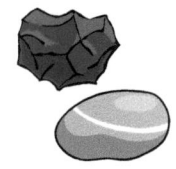

mai kaushi / mai santsi

rugueux / lisse

bakin ciki / farin ciki

triste / heureux

gajere / dogo

court / long

a sannu / da sauri

lent / rapide

jikakke / busasshe

mouillé / sec

dumi / sanyi

chaud / froid

yaki / zaman lafiya

la guerre / la paix

les nombres

0

sifili

zéro

1

daya

un / une

2

biyu

deux

3

uku

trois

4

hudu

quatre

5

biyar

cinq

6

shida

six

7

bakwai

sept

8

takwas

huit

9

tara

neuf

10

goma

dix

11

goma sha daya

onze

12

goma sha biyu

douze

13

goma sha uku

treize

14

goma sha hudu

quatorze

15

goma sha biyar

quinze

16

goma sha shida

seize

17

goma sha bakwai

dix-sept

18

goma sha takwas

dix-huit

19

goma sha tara

dix-neuf

20

ashirin

vingt

100

dari

cent

1.000

dubu

mille

1.000.000

miliyan

le million

les langues

Turanci

l'anglais

Turancin Amurka

l'anglais américain

Mandarin na China

le chinois mandarin

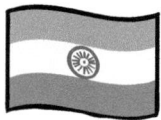

Hindi

le hindi

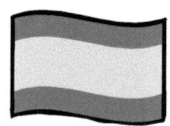

Sifaniyanci

l'espagnol

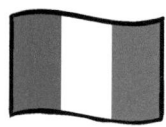

Faransanci

le français

Larabci

l'arabe

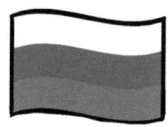

Yaren Rasha

le russe

Yaren Portugal

le portugais

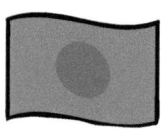

Bengali

le bengali

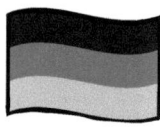

Yaren Jamus

l'allemand

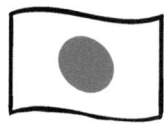

Yaren Japan

le japonais

ni

je

kai

tu

shi / ita / ita

il / elle / ce, c', cela

mu

nous

ku

vous

su

ils / elles

wa?

Qui ?

me?

Quoi ?

ya ya?

Comment ?

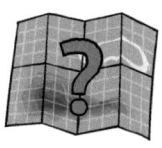

a ina?

Où ?

yaushe?

Quand ?

suna

le nom

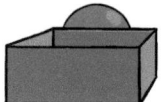

a baya

derrière

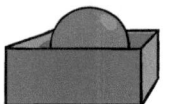

a ciki

dans

a gaban

devant

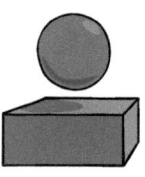

saman

au-dessus

akai

sur

karkashi

en-dessous

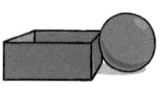

a gefe

à côté de

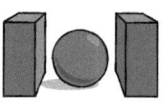

a tsakani

entre

wuri

le lieu